A1.1

DÉ

Dorothée Escoufier
Camille Gomy
Kim Ta Minh

COMMUNICATION PROGRESSIVE DU FRANÇAIS

CORRIGÉS

Avec 350 exercices

www.cle-international.com

Direction éditoriale : Béatrice Rego
Édition : Sylvie Hano
Couverture : Fernando San Martin
Mise en page : Arts Graphiques Drouais (28100 Dreux)

ISBN : 978-209-038442-0

SOMMAIRE

CORRIGÉS

CORRIGÉS

1. Saluer

Exercices p. 9

1 2. Faux – **3.** Vrai – **4.** Faux

2 2. Sal<u>u</u>t ! – **4.** Salut J<u>u</u>lie, t<u>u</u> vas bien ? – **6.** S<u>u</u>per !
Le son « u » s'écrit : *u*.

3 2. Bonjour M. Verdier ! – **3.** Salut Claire, ça va ? – **4.** Salut Juliette, tu vas bien ?

4 **1.** – Bonjour Mme Dufour ! **Comment allez-vous** ?
– Très bien merci.
2. – Coucou Rose ! Comment ça va ?
– **Ça va merci.**
3. – Bonjour M. Moulin ! Comment allez-vous?
– **Bien et vous ?**

2. Se présenter (1)

Exercices p. 11

1 – Merci monsieur, vous pouvez épeler votre nom s'il vous plaît ? **(2)**
– Bonjour madame, je suis Jérôme Jourdan. **(1)**
– Merci monsieur, bon séjour dans notre hôtel. **(4)**
– Oui, bien sûr, Jourdan, J-O-U-R-D-A-N. **(3)**

2 3. bonjour – **4.** je

3 2c – 3a – 4b

4 **1.** Vous / pouvez / épeler / votre / nom / s'il / vous / plaît ?
2. Je / suis / Julien / Petit.
3. Quel / est / votre / nom ?
4. Quel / est / votre / prénom ?

5 – Bonjour monsieur, je suis Françoise Morin.
– Bonjour madame, vous pouvez épelez votre nom s'il vous plaît ?
– Oui, bien sûr. M-O-R-I-N.

2. Se présenter (2)

Exercices p. 13

1 1. trois enfants – **2.** Jules – **3.** Rose – **4.** Louise

2

	« z »	« j »
1.		journée
2.	voisin	
3.		Benjamin
4.		Juliette
5.	deux enfants	
6.	Vous vous appelez Pierre ?	

Le son « z » s'écrit : s ou z.

3 a. dialogue 3 – b. dialogue 2 – c. dialogue 1 – d. dialogue 4

4 1. Comment / vous / appelez-vous ? – 2. Je / suis / Nicolas / Legrand. – 3. Quel / est / votre / nom ? – 4. Moi, / c'est / Benjamin.

3. Donner son adresse

Exercices p. 15

1 la secrétaire – son adresse, son code postal.

2 1. Quelle est votre adresse ? **(3)**
2. Merci. **(5)**
3. J'habite 20, rue des Pénitents blancs. **(4)**
4. Quel est votre nom ? **(1)**
5. Aichoune. Aichoune Melissa. A-I-C-H-O-U-N-E. **(2)**

4 2. 31, 41, 51 – 3. 12, 15, 18, 21, 24, 27 – 4. 15, 16, 17, 18, 19

5 1. 43 – 2. 71

6 *Réponses libres.*

4. Donner son numéro de téléphone

Exercices p. 17

1 1. Vrai – 2. Vrai – 3. Faux

2

	« oi »	~~« oi »~~
Bonsoir !	X	
Au revoir !	X	
Je suis chinois.	X	
Bon appétit !		X

4 – Alors Édouard, quel est ton numéro de téléphone ?
– C'est le 06 **80** euh...
– Oui ?
– C'est le 06 **80 56**...
– Tu n'es pas sûr ?
– Attends... 06 **80 56** euh... **28**... Ah, voilà ! **06 80 56 28 45**.

5 Julien : 05 61 68 21 **75** – Sarah : 01 **92** 12 37 **58** – Michelle : 06 **74 78** 81 21 – Olivier : 07 **87** 67 **91** 12 – Patricia : 06 51 **98 14 74**

5. Donner sa nationalité

Exercices p. 19

1 2. Vrai – **3.** Faux – **4.** Faux

2 2. américaine – **3.** italien – **4.** libanaise – **5.** hongroise

3 De gauche à droite (1re ligne) : 2 – 4 – 5 – De gauche à droite (2e ligne) : 6 – 1 – 3

4 **2.** Il est suisse. / Elle est suisse. – **3.** Il est malien. / Elle est malienne. – **4.** Il est anglais. / Elle est anglaise. – **5.** Il est belge. / Elle est belge.

5 *Réponse libre.*

6. Dire son métier

Exercices p. 21-23

1 1. Faux – **2.** Vrai – **3.** Vrai – **4.** Vrai

3 2. écrivaine – **3.** actrice – **4.** coiffeur – **5.** vendeur

4 2a – 3b – 4e – 5d

5 2. vendeur – **3.** médecin – **4.** secrétaire – **5.** écrivain

6 **un chanteur** / une chanteuse – un journaliste / **une journaliste** – un vendeur / **une vendeuse** – **un écrivain** / une écrivaine – un dessinateur / **une dessinatrice** – **un comédien** / une comédienne

7 2. Laurent écrit des livres, il est **écrivain**. – **3.** Marion fait du cinéma, elle est **actrice**. – **4.** Alain fait la cuisine dans un restaurant, il est **cuisinier**. – **5.** Emma coupe les cheveux, elle est **coiffeuse**.

8 1. Je suis écrivain. – **2.** Je suis actrice. – **3.** Je suis comptable. – **4.** Je suis chanteur. – **5.** Je suis architecte.

9

		C	H	A	N	T	E	U	S	E			
		O										M	
		I										É	
P	R	O	F	E	S	S	E	U	R			D	
		F										E	
		E										C	
	C	U	I	S	I	N	I	E	R			I	
		S										N	
	D	E	N	T	I	S	T	E					

10 *Réponses libres.*

11 *Réponse libre.*

7. Présenter sa famille

Exercices p. 25-27

1 **1.** Vrai – **2.** Vrai – **3.** Faux – **4.** Faux – **5.** Vrai.

2 2c – 3e – 4f – 5b – 6a

3 **2.** les grands-parents – **3.** les parents – **4.** la fille – **5.** la grand-mère

4 **1.** Voici **mes** parents. – **2.** Là, c'est moi avec **mon** frère et **ma** mère. – **3. Mon** père a 35 ans. – **4. Ma** grand-mère s'appelle Françoise. – **5. Mon** fils a 18 ans aujourd'hui ! – **6.** Ce sont **mes** grands-parents.

5 **1.** Voici **ma** fille, elle a 17 ans. – **2.** Ce sont **mes** parents. – **3.** C'est **son** fils, il a 10 ans. – **4.** Ce sont **ses** enfants. – **5.** Voici **ta** grand-mère, elle a 80 ans. – **6.** C'est **ma** cousine, elle habite à Paris.

6 **1.** on – **2.** mon – **3.** Simon – **4.** sont

7 **1.** Lé|on| a dix ans. Ses parents s|on|t canadiens. S|on| père s'appelle Raym|on|d et sa mère s'appelle Man|on|.
2. M|on| frère s'appelle Gast|on|. C'est un champi|on| de natati|on|.

9 **1.** Voici ta fille. – **2.** Ce sont tes parents. – **3.** C'est mon père. – **4.** Ce sont mes grands-parents.

10 En haut : Voici ma mère. – À droite : C'est ma sœur. – En bas : Ce sont mes grands-parents.

11 *Réponses libres.*

8. Interroger sur l'identité

Exercices p. 29

1   2. Faux – **3.** Vrai – **4.** Faux – **5.** Faux

2   2a – 3e – 4c – 5b

4   1. Oui, c'est benoit45@gmail.com **(f)**
2. Enchanté Benoît. Tu habites à Bruxelles ? **(c)**
3. Non, j'habite à Marseille. Je suis en vacances. **(d)**
4. Je m'appelle Benoît. **(b)**
5. Est-ce que tu as une adresse mail ? **(e)**
6. Salut ! Comment tu t'appelles ? **(a)**

5   *Réponses libres.*

6   1. Tu habites où ? – **2.** Quel est ton numéro de téléphone ? – **3.** Quel est ton prénom ? – **4.** Quelle est ton adresse mail ?

9. Interroger sur la nationalité

Exercices p. 31

1   2. Faux – **3.** Vrai – **4.** Faux – **5.** Vrai – **6.** Vrai

2

	« a »	« an »
1.	danois	
2.		anglais
3.	parle	
4.		langue
5.	Canada	
6.		Luxembourg
7.	Monaco	

3   2c – 3b – 4e – 5d

4   2. Elle habite à Lausanne. – **3.** Il est français. – **4.** Elle s'appelle Laure.

5   1. Quelle est ta nationalité ? – **2.** Tu es d'où ? – **3.** Tu parles espagnol ?

10. S'excuser (1)

Exercices p. 33

1   2. Faux – **3.** Vrai – **4.** Faux

3   1. Allo Martin ! Salut c'est Paul. **Désolé** je suis en retard, il n'y a pas de métro.
– **Ce n'est pas grave** Martin ! J'attends.
2. **Excusez-moi** madame, je suis désolé.
– Je **vous en prie !**
3. Excusez-moi madame ! **Je n'ai pas compris.** Vous pouvez répéter s'il vous plaît ?

4 **1.** Je suis vraiment désolé. – **2.** Je n'ai pas compris, vous pouvez répétez s'il vous plaît ?

10. S'excuser (2)

Exercices p. 35

1 **2.** Vrai – **3.** Vrai – **4.** Vrai – **5.** Faux

2 a3 – b5 – c1 – d4 – e2

3 **1.** Je ne sais pas. J'ai beaucoup de travail ! – **2.** Excusez-moi, je suis en retard.

11. Tutoyer ou vouvoyer

Exercices p. 37-39

1 **1.** Vrai – **2.** Faux – **3.** Faux

2

	« u »	« ou »
1.		pouvez
2.	tu	
3.		vous
4.		pour
5.	rue	
6.	excusez-moi	

4 2a – 3c – 4e – 5d

5 2a – 3c – 4F – 5e– 6d

6 **1.** – Salut Laura ! **Tu** vas bien ?
– Ça va merci. **Tu** vas à la fête de Marin ce soir ?
– Oui, pourquoi ?
– **Tu** peux m'emmener en voiture s'il te plaît ?

2. – Madame ! Je ne comprends pas cet exercice, **vous** pouvez m'aider s'il **vous** plaît ?
– Oui, bien sûr Juliette !
– Je **vous** remercie madame.

7 **2. Vous** avez l'heure s'il **vous** plaît ? – **3. Vous** allez bien ? – **4. Tu** veux du fromage ? – **5. Vous** comprenez maintenant ?

8 **1.** Excusez-moi monsieur, vous avez l'heure s'il vous plaît ? – **2.** Mathieu, Tu veux du dessert ? – **3.** Monsieur ! Je n'ai pas compris. Vous pouvez répéter s'il vous plaît ?

Bilan n° 1

Exercices p. 40-41

1

S	V	Ç	O	M	T	N	R
A	S	L	A	U	B	M	R
L	C	U	Z	V	R	P	C
U	O	A	B	E	A	Y	K
T	U	V	D	O	P	B	O
I	C	H	S	M	R	E	Q
B	O	N	J	O	U	R	G
L	U	A	T	L	F	V	X

2   **1.** Enchantée, je m'appelle Lucile. – **2.** Mon nom est Bonnavion. – **3.** Quel est votre prénom ? – **4.** Vous pouvez épeler votre nom s'il vous plaît ?

3   **1.** 14 – **2.** 36 – **3.** 75 – **4.** 92

4   **1.** 06 12 34 45 11 – **2.** 04 77 45 21 71 – **3.** 01 45 31 33 21 – **4.** 02 38 20 77 12

5   Je suis Malienne. – Je suis Suisse. – Je suis Belge. – Je suis Canadienne.

6   **1.** actrice – **2.** écrivaine – **3.** architecte – **4.** coiffeuse – **5.** comédienne – **6.** vendeuse

7   **1.** Voici ma grand-mère. – **2.** C'est mon grand-père. – **3.** C'est ma mère. – **4.** Voici mon père.

8   1c – 2e – 3a – 4b – 5d

9   **1.** Tu viens d'où ? / Vous venez d'où ? – **2.** Quelle est ta nationalité ? / Quelle est votre nationalité ? – **3.** Il parle français ? – **4.** Tu habites où ? / Vous habitez où ?

10   **Situation 1 :** Excusez-moi monsieur ! / Oh pardon monsieur !
Situation 2 : Je suis vraiment désolée madame !

11   **1. Vous** avez l'heure s'il vous plaît monsieur ? – **2.** Paul, **tu** veux du fromage ? – **3.** Je n'ai pas compris, **vous** pouvez expliquer s'il vous plaît madame ? – **4.** Papa, **tu** peux jouer du piano pour moi s'il te plaît ?

12. Demander son chemin (1)

Exercices p. 43

1   **Dialogue 1 : 2.** Vrai – **3.** Faux
Dialogue 2 : 1. Faux – **2.** Vrai

2   **1.** cin**é**ma – **2.** à côt**é** – **3.** cherche – **4.** deuxième – **5.** all**er** – **6.** tourn**ez**
Le son « é » s'écrit : é, er, ez.

4   **2.** Oui, c'est tout près ! Vous **traversez** et vous **tournez** à droite, la gare est **devant** vous. – **3.** Merci madame, **pour aller** place du Peuple s'il vous plaît ? – **4.** Vous continuez **tout droit**, la Place du Peuple est à 5 minutes !

5   **1.** Pardon monsieur, je cherche la Gare de Bruxelles-Central s'il vous plaît ? – **2.** Continuez tout droit. / Tournez à droite. / La gare est sur votre droite.

12. Demander son chemin (2)

Exercices p. 45

1   **2.** Vrai – **3.** Vrai – **4.** Faux – **5.** Faux – **6.** Vrai

2   2e – 3b – 4a – 5d

3   Tournez à gauche rue de Lyon, continuez tout droit, le centre commercial est à gauche.

13. Dire où l'on est (1)

Exercices p. 47

1   **1.** Faux – **2.** Vrai – **3.** Faux – **4.** Vrai – **5.** Faux

2   **2.** ce – **3.** ma_r_ché – **4.** Mont_r_éal – **5.** no_r_d – **6.** ve_r_s – **7.** j'a_rr_ive – **8.** elle
Le son « r » s'écrit : *r* ou *rr*.

3   b3 – c4 – d6 – e1 – f5

4   **1.** Paris est au **nord**. – **2.** Montpellier est au **sud**. – **3.** Strasbourg est à l'**est**. – **4.** Nantes est à l'**ouest**.

13. Dire où l'on est (2)

Exercices p. 49

1   **2.** Vrai – **3.** Vrai – **4.** Faux – **5.** Faux

2   **2.** _l_ac – **3.** _L_aurence – **4.** Montréa_l_ – **5.** hôte_l_ – **6.** vi_ll_e – **7.** f_l_euve – **8.** _l_'ouest
Le son « l » s'écrit: *l* ou *ll*.

3

	« r »	« l »
1.	j'arrive	
2.		fleuve
3.		ville
4.	sur	
5.		hôtel
6.	nord	

4   2a – 3f – 4c – 5d – 6e

5   **1.** Nous sommes vers l'Hôtel de Ville. – **2.** J'habite au sud de la ville. – **3.** Montréal est à l'ouest. – **4.** Elle est sur la place du marché. – **5.** Il habite à côté du métro.

14. Dire où l'on va

Exercices p. 51

1 2. Olivier va à Marseille. – **3.** Olivier va à la plage. – **4.** Olivier va au musée.

2 2. Ni**co** – **3.** **O**livier – **4.** rest**au**rant – **5.** aér**o**p**o**rt – **6.** **au** – **7.** nouv**eau** – **8.** Él**o**die
Le son « o » s'écrit : *o, au, eau*.

3 a4 – b3 – c1 – d2

4 **1.** Je vais **au** cinéma. – **2.** Je vais à Paris. – **3.** Tu vas **au** musée. – **4.** Elle va à l'aéroport. – **5.** Tu vas **à la** montagne. – **6.** Il va à Montpellier.

5 **1.** Véronique va au restaurant. – **2.** Maxime va à l'université. – **3.** Basile va à la poste. – **4.** Agathe va à Marseille.

15. Interroger sur une origine (1)

Exercices p. 53

1 **Dialogue 1 :** Le train vient de Montpellier.
Dialogue 2 : 1. Le fromage vient d'Auvergne. – **2.** Le vin vient de la région de Bordeaux.

2 **1.** tr**ain** – **2.** Mart**in** – **3.** vi**en**t – **4.** v**in** – **5.** Rom**ain** – **6.** Qu**im**per
Le son « in » s'écrit : *in, ain, im, ien*.

4 a2 – b4 – c3 – d1

15. Interroger sur une origine (2)

Exercices p. 55

1 **1.** Romain vient de Montréal. – **2.** Martin vient de Toronto. – **3.** Alain vient du nord de la France. – **4.** Cécile et Audrey viennent de Lausanne en Suisse.

2 **1.** D'où viens-tu ? – **2.** D'où es-tu ? – **3.** D'où venez-vous ? – **4.** D'où viennent Paul et Marie ? / D'où viennent-ils ? – **5.** D'où vient le bus ? – **6.** D'où venez-vous ?

3 **2.** Jeanne vient **de** Paris. – **3.** Le bus vient **de la** gare. – **4.** Le gruyère vient **de** Suisse.

4 **2.** Je viens **de** Nantes. – **3.** Le vin blanc vient **de la** région de Marseille. – **4.** Roberto et Pablo viennent **de** Madrid. – **5.** Nous venons **d'**Amiens. – **6.** Le bus vient **de l'**aéroport. – **7.** Le Cantal vient **d'**Auvergne.

16. Situer un objet

Exercices p. 57

1 2. dialogue 3 – 3. dialogue 2

2

	« je, ge »	« je, ge »
1.		X
2.	X	
3.		X

3 1. Le livre est **sur** le bureau et **sous** l'ordinateur. – 2. L'ordinateur est **sur** le livre. – 3. Le stylo est **devant** l'ordinateur. – 4. La calculatrice est **sur** la chaise. – 5. Le téléphone est **sous** la chaise.

4 1. Où est le livre ? Sur le bureau. Le voilà. – 2. Où est l'ordinateur ? Sur le livre. Le voilà. – 3. Où est la calculatrice ? Sur la chaise. La voilà. – 4. Où est le téléphone portable ? Sous la chaise. Le voilà.

5 *Réponses libres.*

17. Décrire une ville (1)

Exercices p. 59

1 1. Faux – 2. Vrai – 3. Faux – 4. Vrai

2 Son « il » : ville, mille
Son « ille » : fille, famille, gentille

3 2d – 3a – 4b

4 1. La / ville / est / célèbre / pour / ses / monuments. – 2. Sur / la / place / se / trouve / une / église / du / Moyen Âge. – 3. Les magasins / se / trouvent / en / face / de / la / mairie. – 4. Les / cafés / se / trouvent / près / de / la / gare.

5 – Tu connais Bordeaux ? **(1)**
– Oui. Et il y a beaucoup de boutiques sympas aussi : des cafés, des boutiques de souvenirs, des restaurants. Tu connais de bons cafés ? **(3)**
– Il y a un café sympa vers la place du Palais. **(4)**
– Oui, bien sûr, je connais Bordeaux. Bordeaux est célèbre pour ses monuments classés patrimoine de l'UNESCO. Une merveille ! **(2)**

17. Décrire une ville (2)

Exercices p. 61

1 1. Faux – 2. Vrai – 3. Vrai – 4. Faux

2 1. cinéma – 2. piscine – 3. musée – 4. mairie

3 À Toulouse, vous avez beaucoup de cafés. Dans ces cafés, vous êtes au calme. Les principaux hôtels se trouvent dans les environs de la gare.

4 Dialogue 1 : en face de – **Dialogue 2** : près de – **Dialogue 3** : sur

5 *Réponse libre.*

18. Décrire un quartier

Exercices p. 63-65

1 1. Je ne sais pas – 2. Vrai – 3. Je ne sais pas – 4. Faux

2 M. Leclerc va à la médiathèque. – Vincent va à la fac.

3

	« s »	« z »
1.	X	
2.		X
3.	X	
4.	X	
5.		X

4 Bonsoir,
Je vais dans le centre en bus. Je suis avec mon amie anglaise. Je vais au magasin de souvenirs et à la piscine. Je vous attends en face du cinéma à onze heures. Bisous !

6 2. Je vais à la bibliothèque, c'est **à gauche** de la piscine. **En face,** il y a un parking. – 3. L'hôtel Bonrepos ? C'est juste **à droite.**

7 2. en voiture – 3. en avion – 4. à pied – 5. à vélo

8 1. Je pars en voiture. – 2. Je pars à moto. – 3. Je pars à pied. – 4. Je pars en avion. – 5. Je pars en bus. – 6. Je pars en train.

9 *Réponses possibles.* Oui, il y a une mairie. / Non, il n'y a pas de mairie. – Oui, il y a une médiathèque. / Non, il n'y a pas de médiathèque. – Oui, il y a des magasins. / Non, il n'y a pas de magasins. – Oui, il y a un cinéma. / Non, il n'y a pas de cinéma. – Oui, il y a une piscine. / Non, il n'y a pas de piscine.

10 *Réponses libres.*

11 *Réponses libres.*

19. Décrire une région

Exercices p. 67

1 1. Vrai – 2. Vrai – 3. Vrai. – 4. Faux ou Je ne sais pas (On peut accepter ces 2 réponses).
1c – 2b – 3a

2 1. Quelle chance ! La campagne, le calme... **(c)**
2. Tu m'accompagnes ? **(d)**

3. Tu vas en Espa|gn|e ? **(a)**
4. Oui. Dans la monta|gn|e. C'est magnifique ! **(b)**

3 La gastronomie : dialogue 2 – La plage : dialogue 4 – La ville : dialogue 1

4 2d – 3a – 4c

5 *Réponse libre.*

20. Demander des renseignements touristiques

Exercices p. 69

1 **1.** Faux (ou Je ne sais pas) – **2.** Vrai – **3.** Je ne sais pas – **4.** Vrai

2

	« i »	« u »
1.	X	
2.		X
3.		X
4.	X	

3 **1.** Le café Ibis, c'est ici. Près d|u| cinéma. Tournez ici, à gauche d|u| m|u|sée. Marchez tout droit. C'est là.
2. Il y a du j|u|s d'orange, d|u| café au lait et d|u| thé s|u|cré.

4 2b – 3a – 4d

5 **1.** Quand est-ce que le magasin est ouvert ? – **2.** Qu'est-ce que c'est ? – **3.** Combien coûte le billet ? – **4.** Où se trouve l'arrêt de bus ?

6 – Excusez-moi. Où se trouve la station Bir-Hakeim ?
– C'est facile ! Continuez tout droit. C'est à droite.
– Mais **qu'est-ce que c'est** la « Tour Eiffel » ?
– C'est un monument très célèbre.
– **Quand est-ce que** c'est ouvert ?
– C'est ouvert de 9 h 30 à 23 h je crois.
– **C'est** gratuit ?
– Ah ça, je ne crois pas...

21. S'informer sur un appartement

Exercices p. 71

1 **1.** une colocation – **2.** 4 personnes dans la maison – **3.** commune

2 – Bonsoir. C'est pour la maison. Il y a |un| jard|in| ?
– Oui. Vous êtes |in|téressé ?
– Je ne sais pas encore. Combi|en| coûte la chambre taxes |in|cluses ?
– 200 euros par mois.
– Bi|en| sûr. Et la salle de b|ains| ?
– C'est en comm|un|. La cuisine et le jard|in| aussi. C'est très s|ym|pa.

3 2. Il y a un jardin ? – **3. Combien** de personnes habitent ici ? – **4. La salle de bains est commune ?**

4 – Bonjour, je téléphone pour la chambre. La chambre est toujours disponible ?
– Oui. La chambre est encore disponible. Nous sommes 4.
– La salle de bains est **individuelle** ?
– Non... La salle de bains est commune. Le jardin et la cuisine aussi. Mais nous sommes très sympas vous verrez.
– Et combien **coûte la chambre** ?
– Elle coûte 200 €.
– Eau et électricité **inclus** ?
– Non. Non inclus hélas.

5 *Réponses possibles.* Combien coûte la chambre ? – La cuisine est commune ? – Il y a un jardin ?

22. S'informer pour acheter

Exercices p. 73

1 1. Vrai – **2.** Vrai – **3.** Faux – **4.** Vrai

3

	1.	2.	3.	4.	5.
Question	X			X	X
Réponse		X	X		

4 1. Bonjour. Vous pouvez prendre un Paris museum passe peut-être ? **(b)**
2. Où achète-t-on un Paris museum passe ? **(e)**
3. Bonjour. Je suis à Paris pour une semaine. Comment faire pour visiter les musées ? **(a)**
4. Qu'est-ce que c'est un Paris museum passe ? **(c)**
5. C'est pour visiter librement 60 musées dans la région parisienne. **(d)**
6. En ligne. Sur le site du Paris museum passe. **(f)**

5 1. Combien coûte le ticket à l'unité ? – **2.** Où est-ce qu'on achète les tickets ? – **3.** Qu'est-ce que c'est le « vélib' » ? – **4.** C'est pour quoi le passe Navigo ?

Bilan n° 2

Exercices p. 74-75

1 1. La rue Jules Simon, c'est la **deuxième** rue **à gauche**. – **2.** La rue Chevreul, c'est la **deuxième** rue **à droite**. – **3.** La rue Alexandre Pourcel, c'est la **première** rue à **droite**.

2 1d – 2c – 3a – 4b

3 1. Je vais **à la** montagne. – **2.** Elle va **au** théâtre. – **3.** Tu vas **à la** plage. – **4.** Il va à l'aéroport.

4 1. Je viens de Toronto. – **2.** Le fromage vient de Provence. – **3.** D'où vient le vin ? – **4.** D'où est Félix ? – **5.** Il vient de la région de Toulouse.

5 *Réponse libre.*

6 La calculatrice est à côté du stylo. – Le stylo est sur le livre. – Le téléphone est à gauche de l'ordinateur.

7 **1. 2.** La salle de bains est commune ou individuelle ? – **2. 1.** L'eau et l'électricité sont inclus ?

8 **2.** image 1 – **3.** image 2 – **4.** image 4

23. Décrire les vêtements

Exercices p. 77

1 **2.** Vrai – **3.** Faux – **4.** Faux – **5.** Vrai

3 2c – 3e – 4a – 5d

4 1. Elle porte un chapeau et un foulard rose.
2. Il porte une veste rose, une chemise bleue et des lunettes de soleil.
3. Il met des chaussures noires.

24. Parler de ses goûts

Exercices p. 79-81

1 **La femme adore faire la cuisine. – La femme n'aime pas regarder la télé.**

2 **1.** Elle adore faire la cuisine. – **2.** Elle aime beaucoup nager. – **3.** Elle aime bien les animaux. – **4.** Elle n'aime pas regarder la télé. – **5.** Elle déteste les films violents.

3 Oui, bien sûr. Moi, j'adore la cuisine. Heureusement, car nous sommes huit ! J'aime faire du bouillon de légumes, cuisiner des sardines à l'huile et préparer des huîtres.

4

	« ui »	« oui »
1.	huit	
2.		ouille
3.		Je m'appelle Louis.
4.	C'est de l'huile d'olive.	

5

				N	A	G	E	R			
	T	R	A	V	A	I	L	L	E	R	
					M	A	N	G	E	R	
				R	E	G	A	R	D	E	R
				M	A	R	C	H	E	R	

Le mot magique est *aimer*.

6   1. Oui, elle adore nager. – 2. Oui, elle aime les livres. – 3. Oui, elle aime les films romantiques. – 4. Oui, elle aime marcher dans la nature. – 5. Non, elle n'aime pas faire du shopping.

7   1. Moi, j'aime le sport. **J'adore** nager. Je vais à la piscine tous les jours. – 2. Moi aussi, **j'aime bien** nager. Mais **je n'aime pas** les piscines. Je préfère nager à la mer. – 3. **Je n'aime pas** nager. **J'adore** regarder des films.

8   *Réponses possibles.* 1. Oui, j'aime bien manger au restaurant. / Non, je déteste manger au restaurant. – 2. Oui, j'adore regarder des films au cinéma. / Non, je n'aime pas regarder des films au cinéma. – 3. Oui, j'adore les animaux. / Non, je déteste les animaux. – 4. Oui, j'aime aller au travail. / Non, je n'aime pas aller au travail. – 5. Oui, j'aime bien faire du sport. / Non, je déteste faire du sport.

9   *Réponses libres.*

10   *Réponse libre.*

25. Décrire les objets

Exercices p. 83

1

	La tablette	Le smartphone
1.	X	X
2.	X	
3.		X
4.	X	
5.	X	
6.	X	
7.		X

3   Son « eu » : neuve, fleur, regarder, de, jeux, le, peu
Son « è » : père, mairie, mer
Son « é » : regarder, et

4   2. Elle est petite. – 2. Il est un peu cher. – 4. Il est beau.

5 *Réponses possibles.* **1.** Mon smartphone est neuf. Il est facile à utiliser. – **2.** Mon ordinateur est un peur cher. La connexion Internet est rapide. – **3.** Mon lecteur mp4 est super ! Il est beau. – **4.** Ma liseuse est petite. Elle est belle et elle est utile.

26. Parler des repas

Exercices p. 85

1 Dialogue 1 : **1.** Faux – **2.** Faux
Dialogue 2 : **1.** Vrai – **2.** Faux

2 Au restauran**t**, je pren**ds** du ri**z** et du poule**t** avec des olive**s**. Mes enfan**ts** mange**nt** de**s** frite**s**. Ils aime**nt** le**s** frite**s** et le saumon. Mon mari pren**d** des orange**s** comme desser**t**.

3 **1.** Avec / mon / ami / nous / mangeons / des / pâtes / avec / de / la / viande / et / des / légumes / verts.
2. Je / prends / des / tomates / à / midi / et / mes / enfants / prennent / de / la / salade / avec / du / coca.
3. J'aime / les / frites / mais / je / n' / aime / pas / les / olives.

4 Au petit-déjeuner, je mange des céréales avec du lait et je bois de l'eau. – Au petit-déjeuner, je mange du pain et de la confiture et je bois du lait.

5 *Réponses libres.*

27. Exprimer ses préférences

Exercices p. 87

1 **1.** les gadgets électroniques – **2.** les hamsters – **3.** des chocolats et des fleurs.

2 Benjamin adore les tablettes, les lecteurs mp4 et les ordinateurs portables.
Benjamin aime moins les livres, les bijoux et les films.
Laurine aime bien les petits animaux, comme les hamsters.

3 Je m'appelle Alexandre. J'aime les animaux. Particulièrement, j'adore les animaux exotiques, comme l'éléphant et la girafe. J'aime moins les serpents et les insectes.

4 b1 – c2 – d4

5 *Réponses libres.*

28. Interroger sur les goûts et les préférences

Exercices p. 89

1 **1.** Aude lit un roman classique. – **2.** Aude aime les romans classiques et policiers. – **3.** Léa n'aime pas les romans classiques. – **4.** Léa préfère les romans policiers.

2 « o » ouvert : ordre, comme, bonne, robe
« o » fermé : copain, policier, pauvre, corriger, rose, mot, pot

3 **1.** Et toi qu'est-ce que tu aimes lire ? – **2.** Moi, je préfère les romans d'aventure. – **3.** Est-ce que tu aimes les romans historiques ? – **4.** Moi je n'aime pas les romans classiques. – **5.** Moi, j'aime bien les romans de science fiction.

4 *Réponses possibles.* **1.** Non, moi je préfère les romans policiers. / Oui, moi aussi j'aime bien. – **2.** Non, moi je préfère les romans classiques. / Oui, moi aussi j'aime bien. – **3.** Non, moi je préfère aller au cinéma. / Oui, moi aussi j'aime bien. – **4.** Non, moi je préfère les romans de science-fiction. / Oui, moi aussi j'aime bien. – **5.** Non, moi je préfère les romans policiers. / Oui, moi aussi j'aime bien.

5 *Réponses possibles.* Est-ce que tu aimes lire ? Est-ce que tu aimes les romans d'aventure ? Est-ce que tu aimes les romans policiers ? Est-ce que tu aimes les romans de science-fiction ? Qu'est-ce que tu préfères ? Les romans historiques ou les romans de science-fiction ?

29. Parler de ses loisirs

Exercices p. 91-93

1 **2.** Julie préfère jouer aux jeux vidéo. – **3.** Lisa préfère surfer sur Internet. – **4.** Simon adore jouer de la guitare. – **5.** Aurélia veut regarder la télévision.

2 **1.** Vous aimez le sport. – **2.** Tes parents regardent beaucoup la télévision ? – **3.** Tu vas au cinéma. – **4.** On va dîner avec des amis. – **5.** Vous sortez beaucoup en famille ?

3 **1.** Ce soir je **vais** au cinéma. – **2.** Noémie **fait** du sport tous les jeudis. – **3.** Tu aimes **surfer** sur Internet ? – **4.** Arthur **joue** très bien du piano. – **5.** Vous **regardez** beaucoup trop la télévision. – **6.** Alioune **fait** de la musique depuis 3 ans.

4 **1.** Max surfe sur Internet. – **2.** Je fais du sport tous les jours. – **3.** Alice va au cinéma. – **4.** Anaïs joue du violon depuis 5 ans. – **5.** Ils dînent au restaurant.

5 1a – 2c – 3e – 4b – 5d – 6f

6

	Pierre	Annick	Louise	Sylvain	Manon
jouer aux jeux vidéo	:)))		:)))	:(((	:)
regarder la télévision	:(((	:)	:(((		
aller au cinéma	:)	:)))			:((
surfer sur Internet		:((	:)	:((	:)))
faire du sport	:)))	:(((	:)))	:)	:((
faire de la musique				:)))	

7 **1.** Pierre aime bien aller au cinéma. – **2.** Annick déteste faire du sport. – **3.** Louise adore jouer aux jeux vidéo et faire du sport. – **4.** Sylvain n'aime pas surfer sur Internet. – **5.** Manon aime bien jouer aux jeux vidéo.

8 *Réponse possible.* Après le travail, je vais faire des courses. Ensuite j'aime bien aller à la piscine ou au cinéma. Je regarde un peu la télévision et je surfe sur Internet. J'aime beaucoup lire. Je n'aime pas jouer aux jeux vidéo.

30. Proposer une activité

Exercices p. 95-97

1 1. Élise et Nico parlent au téléphone. – **2.** Nico est libre samedi. – **3.** Élise propose de faire du vélo. – **4.** Le rendez-vous est à 10 h. – **5.** Élise et Nico ont rendez-vous devant le café du Canal.

2.1 Vous voulez aller au cinéma ? Que diriez-vous d'aller au parc ?

2.2 J'ai envie d'aller pique-niquer. – La voiture est devant la mairie.

2.3

« é »	« è »
vous voulez	on fait
le ciné	un jouet
un dîner	du lait
jouer	
du papier	
parler	
pique-niquer	

3 1. Oui, pourquoi pas, c'est une bonne idée ! **(g)**
2. Salut Patrick ! Je vais bien, merci, et toi ? **(b)**
3. Est-ce que tu es libre vendredi soir ? **(d)**
4. Bonjour Muriel, comment vas-tu ? **(a)**
5. Tu veux venir au cinéma ? **(f)**
6. Ça va très bien, merci ! **(c)**
7. Oui, je n'ai rien prévu, pourquoi ? **(e)**

4 1. Mardi, Nico n'a rien de prévu. / Mardi, Nico est libre. – **2.** Mercredi, Nico fait du sport. – **3.** Jeudi, Nico dîne chez des amis. / Jeudi, Nico a un dîner chez des amis. – **4.** Vendredi, Nico n'a rien de prévu. / Vendredi, Nico est libre. – **5.** Samedi, Nico fait du vélo. – **6.** Dimanche, Nico n'a rien de prévu. / Dimanche, Nico est libre.

5 1a/b/d/f – 2c/e – 3c/e – 4b – 5a/d/f – 6c/e

6 1. Ça te dit de faire du vélo ? – **2.** On fait un pique-nique ? – **3.** Rendez-vous sur la place ? – **4.** Êtes-vous libres vendredi soir ? – **5.** Tu veux aller à la piscine ?

7 *Réponse possible.*
– Bonjour Clémence, ça va ?
– Bonjour Émilie, ça va et toi ?
– Ça va très bien, merci. Est-ce que tu es libre ce soir ?
– Oui, je n'ai rien de prévu. Pourquoi ?
– Ça te dit de venir à un concert avec Michel, Edgard, Yasmine et moi ?
– Oh oui ! Bonne idée !

31. Parler cinéma

Exercices p. 99-101

1 **1.** François et Carine vont aller au cinéma ce week-end. – **2.** Carine veut voir un film d'action. – **3.** François ne veut pas voir un film d'action. – **4.** François veut voir une comédie romantique. – **5.** Carine et François sont d'accord pour voir un dessin animé.

2

	« f »	« v »
1.	François	
2.		ville
3.	fille	
4.		Valérie
5.	affaire	
6.		avoir
7.	faute	
8.		vote
9.		voir
10.	foire	

3 b1– c5– d4 – e3

4

	Films d'horreur	Dessins animés	Comédies	Comédies romantiques	Films d'action
Sonia	X				
Dan			X		
Mehdi				X	X
Elsa		X	X		
Edouard	X	X	X	X	X

5 **1.** Si, Dan aime ça. – **2.** Si, Mehdi aime ça. – **3.** Si, Elsa aime ça. – **4.** Si, Edouard aime ça. – **5.** Si, Mehdi aime ça. – **6.** Si, Edouard aime ça.

6 **1.** Est-ce que tu aimes les comédies romantiques ? – **2.** Est-ce que tu aimes faire du sport ? – **3.** Est-ce que tu es disponible ce soir ? – **4.** Est-ce que tu sais jouer de la guitare ? – **5.** Est-ce que tu aimes les sorties en famille ? – **6.** Tu n'aimes pas les films d'horreur ? – **7.** Est-ce que Carine et François sont d'accord pour voir une comédie romantique ?

7 *Réponse possible.*
– On va au cinéma ce soir ?
– Oui, bonne idée ! Tu veux voir quoi ?
– J'ai envie de voir une comédie.
– Je n'aime pas les comédies. On va voir un film d'horreur ?
– Oh non ! Je déteste les films d'horreur !
– Tu veux voir un film d'action ?
– D'accord, je veux bien.

32. Répondre à une invitation (1)

Exercices p. 103

1 1. Faux – 2. Faux – 3. Vrai – 4. Vrai – 5. Faux

2 1. parler / marcher – 2. pouvoir / vouloir – 3. boire / poire – 4. papa / banane – 5. bateau / panneau – 6. blanche / planche – 7. ballon / patron

3 1c – 2d – 3b – 4a

4 2. Accepte – 3. Accepte – 4. Refuse – 5. Accepte – 6. Refuse – 7. Accepte

5 1. Oui, pourquoi pas ? / Oui, avec plaisir. / Oui, bonne idée ! – 2. Oui, pourquoi pas ? / Oui, avec plaisir. / Oui, bonne idée ! – 3. Non, on n'est pas disponibles. / Non, merci. / Non, on ne peut pas. – 4. Non, je ne suis pas disponible. / Non, merci. / Non, je ne peux pas. – 5. Oui, pourquoi pas ? / Oui, avec plaisir. / Oui, bonne idée !

6 *Réponses possibles.*
• Salut ! J'ai ben reçu ton invitation pour le ciné. Quelle bonne idée ! Je viens.
• Salut ! J'ai bien reçu ton invitation pour le ciné. Je suis désolé(e) mais je ne suis pas libre.

33. Parler de ses souhaits

Exercices p. 105-107

1 2. du poisson. – 3. du vin blanc. – 4. au bord de la mer. – 5. au cinéma.

3 1. plan / blanc – 2. ville / bille – 3. pelle / belle – 4. bord / port – 5. bien / viens – 6. balise / valise – 7. bouton / mouton

4 1. Je voudrais une baguette, madame, s'il vous plaît. – 2. Je voudrais le silence les élèves, s'il vous plaît. – 3. Je voudrais aller à la plage, maman, s'il te plaît. – 4. Je voudrais des frites, monsieur, s'il vous plaît. – 5. Papa, je voudrais du gâteau au chocolat, s'il te plaît. – 6. Je voudrais cette jupe en gris, monsieur, s'il vous plaît.

5 – Que souhaitez-vous en entrée ?
– Je voudrais une salade s'il vous plaît.
– Et pour mademoiselle ?
– Je vais prendre **une soupe**.

– Que désirez-vous comme plat ?
– Moi je voudrais **de la viande** avec **des frites**.
– Et moi je voudrais **du saumon** avec **des pâtes**.
– Vous désirez boire quelque chose ?
– Oui je voudrais **du vin** s'il vous plaît.
– Et moi **de l'eau**.
– Est-ce que vous souhaitez prendre **un dessert** ?
– Non merci.

6 1. J'aimerais passer mes vacances au bord de la mer. – 2. Francesca aimerait passer ses vacances à la montagne. – 3. Anna aimerait passer ses vacances au ski. – 4. Théo et Lou aimeraient passer leurs vacances à la campagne.

7 *Réponses possibles.* 1. Ce soir, j'aimerais regarder un film. – 2. Ce week-end, j'aimerais aller à la piscine. – 3. Pour les vacances, j'aimerais partir en voyage. – 4. J'aimerais partir en voyage en Italie. – 5. Ce soir, je voudrais manger des crêpes.

Bilan n° 3

Exercices p. 108-109

1 1. Elle porte une robe rouge. – 2. Il porte une chemise. – 3. Elles portent une robe blanche.

2 *Réponses possibles.* J'aime mon Ipad. C'est pratique pour surfer sur Internet. C'est petit et facile à transporter.
Mon appareil photo est petit. C'est pratique.

3 *Réponses libres.*

4 1. Je préfère le poulet. J'aime moins le saumon. / J'aime plus le poulet. – 2. Je préfère les olives. J'aime moins les tomates. / J'aime plus les olives. – 3. Je préfère les œufs au bacon. J'aime moins les céréales. / J'aime plus les œufs au bacon. – 4. Je préfère le saumon. J'aime moins les huîtres. / J'aime plus le saumon.

5 1. Je préfère offrir un dîner au restaurant. – 2. Je préfère offrir un poisson rouge. – 3. Je préfère offrir une tablette. – 4. Je préfère offrir une robe rouge.

6 1. Est-ce que tu aimes bien lire ? – 2. Est-ce que tu aimes les romans classiques ? – 3. J'aime bien les romans d'aventure, et toi ? – 4. J'aime bien les romans classiques, et toi ?

7 1. Edouard aime bien / aime / adore aller au cinéma. – 2. Neima aime bien / aime / adore jouer aux jeux vidéo. – 3. Léon aime bien / aime / adore jouer de la guitare.

8 1. Tu as envie / Ça te dit de faire du vélo ? – 2. Tu as envie / Ça te dit d'aller au restaurant ? – 3. Tu as envie / Ça te dit de voir un film ? – 4. Tu as envie / Ça te dit de faire un pique-nique ?

9 *Réponses possibles.* 1. Oh oui avec plaisir ! / Je suis désolé, je ne peux pas. – 2. Oui, bonne idée, à quelle heure ? / Non, désolé, je ne suis pas disponible. – 3. Ok, on se retrouve où et à quelle heure ? / Non merci, je n'aime pas faire du roller.

10 1. J'aimerais bien partir en vacances. – **2.** Je voudrais une salade, s'il vous plaît. – **3.** J'aimerais bien aller au cinéma.

34. Parler de ses activités

Exercices p. 111

1 1. Faux – **2.** Vrai – **3.** Faux – **4.** Vrai

2 « p » : **1.** paille – **3.** pile – **6.** pull – **8.** palier – **9.** pipe – **12.** appris
« b » : **2.** baille – **4.** bille – **5.** bulle – **7.** bailler – **10.** bip – **11.** abris

3 1. Neima fait de la peinture. – **2.** Victor fait de l'espagnol. – **3.** Edgar fait du badminton. – **4.** Kim fait de la poterie.

4 1. Cette année, Léa apprend **la danse classique.** – **2.** Cette année, Cédric apprend **la peinture.** – **3.** Cette année, Anya apprend **à jouer du piano. – 4.** Cette année, tu apprends **l'anglais.**

5 1. Tu **fais** du piano, Yvan ? – **2.** Aujourd'hui Patrick **va** au cours d'anglais. – **3.** Sabine **apprend** la poterie depuis septembre. – **4.** Les vendredis, je **fais** de la danse classique. – **5.** Cette année, Lucie **va** à des cours de peinture.

6 *Réponse possible.* Cette année je fais du yoga et mes enfants font du judo. Mon copain Pierre fait du tennis et ma copine Carole prend des cours de violon.

35. Parler de ses habitudes

Exercices p. 113

1 1. Faux – **2.** Faux – **3.** Faux – **4.** Vrai

2 « j » : **1.** jaune – **3.** agent – **5.** gens – **6.** agile – **8.** fragile – **10.** jatte – **11.** jute
« ch » : **2.** chien – **4.** chant – **7.** Achille – **9.** chatte – **12.** chute

3 1. Pour aller au Mexique, Adrien **prend l'avion.** – **2.** Pour aller chez ses parents, Marie **prend le train.** – **3.** Pour aller chez ses amis, Églantine **prend sa voiture.**

4 1. Kader prend le bus tous les matins. – **2.** Géraldine ne va jamais à la bibliothèque. – **3.** Je prends l'avion tous les ans. – **4.** Lin va au ski une fois par an. – **5.** Paola fait du sport trois fois par semaine.

5 *Réponses possibles* **1.** Oui, je vais à la piscine une fois par semaine. – **2.** Oui, je vois mes amis tous les week-ends. – **3.** J'ai cours de français les mardis et les jeudis. – **4.** Non, je ne joue jamais aux jeux vidéo. – **5.** Oui, je fais du sport deux fois par semaine.

36. Décrire son emploi du temps

Exercices p. 115-117

1 1. Cathy a des rendez-vous le matin et l'après-midi. – **2.** l'après-midi. – **3.** 13 h 30 à 17 h – **4.** 20 h. – **5.** 20 h 30.

2 une heure → N – neuf heures → V – quatre heures → R – dix heures → Z – cinq heures → Q – vingt heures → T

3 **1.** 12:15 – **2.** 19:45 – **3.** 09:55 – **4.** 17:50 – **5.** 00:00 – **6.** 10:30

4 **1.** Rodrigue a rendez-vous au cinéma jeudi à 19 h. – **2.** Matisse a une réunion lundi à 14 h. – **3.** Elisabeth a cours de français mardi de 16 h à 18 h. – **4.** Paul a rendez-vous chez le dentiste mercredi à 17 h 30. – **5.** Souad a rendez-vous au restaurant vendredi à 20 h 15.

5 **2.** Émeric

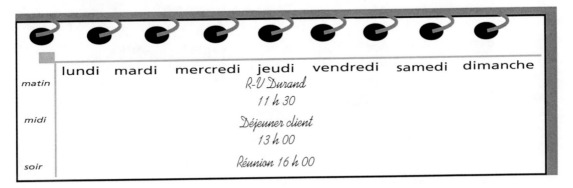

3. Linda

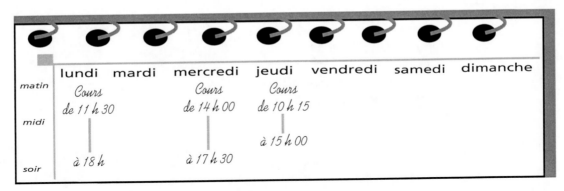

4. Cécile

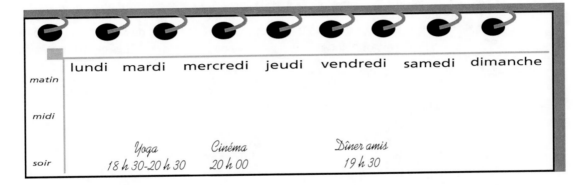

6 *Réponse possible.* Lundi, j'ai une réunion à 14 h. Mardi, je déjeune avec Maxime à 12 h 30. Mercredi, j'ai cours de piano à 17 h. Vendredi soir, je dîne chez des amis à 20 h. Dimanche, je fais un tennis avec Fatou à 11 h.

37. Prendre rendez-vous

Exercices p. 119

1 1. Faux – 2. Faux – 3. Faux – 4. Vrai

2 « g » : 2. gamelle – 3. gamine – 6. chagrin – 8. garot – 9. grain – 11. aigri
« k » : 1. cannelle – 4. canine – 5. écrin – 7. carreau – 10. crin – 12. écrit

3 1. 17 h ce n'est pas possible, mais je suis disponible à 18 h. **(c)**
2. Bonjour Mme Dompain. Est-ce que 17 h c'est possible pour vous ? **(b)**
3. Alors je note un rendez-vous mardi à 18 h. **(d)**
4. Bonjour, je suis Mme Dompain. Je voudrais prendre rendez-vous pour mardi. **(a)**
5. Très bien, merci. Au revoir. **(e)**

4 1. Oui, à 14 h c'est possible. – 2. Oui, dimanche à midi je suis libre. – 3. Non, demain à 20 h 30 ce n'est pas possible. – 4. Non, demain à 16 h je ne suis pas libre.

5 2. Déjeuner mercredi 12 h 30. – 3. Exercices cet après-midi 15 h. – 4. Cinéma samedi à 20 h. – 5. Rendez-vous docteur Cohen vendredi 18 h 15. – 6. Timothée ce soir 20 h 30.

6 *Réponses possibles.*
– Bonjour, je suis monsieur Sherpa, je voudrais prendre rendez-vous avec le docteur Azan, s'il vous plaît.
– Bonjour, quand voulez-vous venir ?
– J'aimerais venir vendredi à 14 h.
– Très bien monsieur Sherpa, je note un rendez-vous vendredi à 14 h.

38. Faire les courses (1)

Exercices p. 121

1 1. Vrai – 2. Vrai – 3. Faux – 4. Vrai – 5. Faux

2 2. du persil – 3. du chocolat – 4. des œufs – 5. de la viande – 6. des pommes.

3 2. À 16 h, je mange **du** gâteau au chocolat. – 3. Elsa mange **du** poisson une fois par semaine. – 4. Eliot boit **de l'**eau. – 5. J'aime mettre **de la** confiture sur mes tartines.

4 *Réponses possibles.*
– Les tomates valent 1,50 € le kilo.
– Je voudrais 2 kilos de tomates s'il vous plaît.
– Et avec ceci ?
– Je vais prendre des pommes s'il vous plaît.
– Oui, combien ?
– Euh... 5.
– Ce sera tout ?
– Oui ce sera tout, merci.

38. Faire les courses (2)

Exercices p. 123

1 **Dialogue 1 : 1.** Vrai – **2.** Faux
Dialogue 2 : 1. Vrai – **2.** Faux
Dialogue 3 : 1. Vrai – **2.** Faux

2 « on » : **4.** Simon – **6.** bonjour –**12.** pardon
« en » : **1.** prendre – **9.** argent – **11.** parents
« un » : **3.** bien – **5.** vin – **8.** pain
« eu » : **2.** Mathieu – **7.** curieux – **10.** jeu

3 2c – 3b – 4d – 5a

4 **1.** Combien coûte le pain de campagne ? – **2.** Bonjour, je voudrais un fromage de chèvre s'il vous plaît. – **3.** Le kilo de gruyère coûte 22 €. – **4.** Bonjour, je voudrais un steak s'il vous plaît. – **5.** Voici votre monnaie.

39. Inviter

Exercices p. 125

1 **1.** Vrai – **2.** Faux – **3.** Vrai – **4.** Faux – **5.** Faux

2 « ui » : **1.** pluie – **3.** bruit – **6.** nuit – **8.** buis
« oui » : **5.** oui – **9.** bouillir
« oi » : **2.** poêle – **4.** mois – **7.** bois – **10.** toit

3 **1.** Apporte à boire ! – **2.** Venez à partir de 21h ! – **3.** Fais un gâteau ! – **4.** Appelez en cas de problème ! – **5.** Apportez de la musique !

4 **1.** Tu peux aller te coucher si tu es fatigué. – **2.** Tu peux prendre un taxi pour rentrer. – **3.** Vous pouvez venir à ma fête samedi soir. – **4.** Vous pouvez prendre le métro pour aller plus vite. – **5.** Vous pouvez rentrer directement à la maison.

5 *Réponse possible.*
Salut tout le monde !
Je fête mon anniversaire vendredi soir. Venez tous avec des amis !
Vous pouvez venir à partir de 21 h avec des boissons.
Adresse : 48, rue de Grenelle.
Code : B3467.
4e étage.
À vendredi !

40. Répondre à une invitation (2)

Exercices p. 127

1 **1.** Vrai – **2.** Faux – **3.** Vrai – **4.** Faux – **5.** Vrai – **6.** Vrai

2 « ks » : exquis – accident – exclu
« gz » : Xavier – xylophone – exactement – examen – exagérer

3 1. **Quelle** bonne idée ! Je viens. – **2.** Je **pense arriver** vers 19 h. – **3.** Quel **dommage** ! Je ne suis pas là ce week-end. – **4.** Merci pour l'invitation, mais je ne peux pas. – **4.** Très bien, alors à **demain** !

4 2. Ronan refuse. – **3.** Charlotte accepte. – **4.** Delphine refuse. – **5.** Rémi accepte. – **6.** Pascale refuse.

5 1c – 2d – 3e – 4b – 5a

6 *Réponses possibles.* **1.** Désolée, samedi je ne suis pas libre. – **2.** Oui, avec plaisir, je pense arriver vers 13 h. – **3.** Désolé, mais jeudi soir je ne peux pas, vendredi ?

Bilan n° 4

Exercices p. 128-129

1 1. Karim **apprend** l'espagnol. – **2.** Zoé **fait** du piano. – **3.** Fatou **prend** des cours de danse classique. – **4.** Vous **faites** de la poterie ? – **5.** Je **prends** des cours de guitare.

2 *Réponses possibles.* **1.** Je viens au travail à vélo. – **2.** Je viens au cours de français à pied. – **3.** Oui, je vais au cinéma une fois par semaine. – **4.** Non, je déteste le sport. – **5.** Oui, je vois mes amis tous les jours.

3 1. 10 h 30 (dix heures et demie) – **2.** 14 h (quatorze heures) – **3.** vingt heures trente (20 h 30) – **4.** 13 h 15 (une heure et quart) – **5.** 00 h 00 (minuit)

4 Lundi Baya a une réunion de 10 h à 11 h. À 11 h 30 elle a rendez-vous avec monsieur Lamy. À 13 h, Baya déjeune avec Céline. De 17 h à 19 h, Baya a cours de dessin et, à 20 h 15, elle va au cinéma avec Nico.

5 1. Bonjour, je suis madame Schulz, quand est-ce que je peux avoir un rendez-vous avec le docteur Dupont ? – **2.** À quelle heure souhaitez-vous venir? – **3.** À 10 h ce n'est pas possible, est-ce que vous pouvez venir à 11 h 30 ? – **4.** Très bien, alors je note un rendez-vous lundi à 11 h 30 ?

6 1. Bonjour, je voudrais un poulet s'il vous plaît. – **2.** Bonjour, je voudrais une baguette s'il vous plaît. – **3.** Bonjour, je voudrais du gruyère s'il vous plaît. – **4.** Bonjour, je voudrais des tomates s'il vous plaît.

7 Bonjour tout le monde !
Je fête mon anniversaire **samedi**.
Vous pouvez venir à partir de 20 h avec des amis.
Apportez des boissons et de la musique !
Répondez vite !
Bises, Maya.

8 1. Bonjour Maya, désolée mais je ne pourrais pas être là samedi. À bientôt ! – **2.** Super Maya ! Je viens avec Jérémie. Bisous. – **3.** Hello Maya, je dîne avec un ami samedi. Après le repas on vient faire la fête. Je pense arriver vers 22 h. – **4.** Salut Maya, je ne suis pas libre samedi, désolée. Amusez-vous bien !

TRANSCRIPTIONS

Piste 20

1. Jules – **2.** Rose – **3.** Bonjour – **4.** Je – **5.** Zoé – **6.** Louise

Piste 25

Dialogue 1
– Salut, je m'appelle Fanny et mes copains s'appellent Manu, Nathan, Éva et Marion.
– Salut !

Piste 26

Dialogue 2
– Salut, je m'appelle Camille. Et toi, comment tu t'appelles ?
– Moi, je m'appelle Mathilde !

Piste 27

Dialogue 3
– Bonjour monsieur, bienvenu dans notre hôtel.
– Bonjour madame, je suis monsieur Fourcade.

Piste 28

Dialogue 4
– Bonjour, nous sommes vos nouveaux voisins !
– Bonjour et bienvenus !

Piste 34

1. 0, 10, 20, 30, 40, 50, 60.
2. 1, 11, 21, 31, 41, 51, 61.
3. 3, 6, 9, 12, 15, 18, 21, 24, 27, 30.
4. 12, 13, 14, 15, 16, 17, 18, 19, 20.

Piste 35

– Alors M. Bravo, quelle est votre adresse ?
– J'habite au 43 boulevard Alsace Lorraine.

Piste 36

– Chérie, quelle est l'adresse de l'hôtel ?
– L'hôtel est au 71 rue Bayard.

Piste 43

Julien : 05 61 68 21 75
Sarah : 01 92 12 37 58
Michelle : 06 74 78 81 21
Olivier : 07 87 67 91 12
Patricia : 06 51 98 14 74

Piste 53

1. Je suis journaliste. – **2.** Il est vendeur. – **3.** Elle est médecin. – **4.** Natacha est secrétaire.
– **5.** Pierre est écrivain.

Piste 82

Dialogue 1
– Papa, papa ! Tu peux m'aider s'il te plaît ?
– Désolé ma chérie, je ne peux pas, j'ai beaucoup de travail.

Piste 83

Dialogue 2
– Allô, bonjour ! Je voudrais prendre rendez-vous avec le docteur Muller.
– Excusez-moi mais je n'ai pas compris. Avec quel docteur ?

Piste 84

Dialogue 3
– Oh pardon, monsieur ! Je suis désolée.
– Ce n'est rien !

Piste 85

Dialogue 4
– Oh excusez-moi de vous déranger en pleine réunion !
– Ce n'est rien !

Piste 86

Dialogue 45
– Excuse-moi Paul, tu sais où est la bibliothèque ?
– Non, désolé, je ne sais pas.

Piste 96

1. J'habite 14, rue Vauban, 69000 Lyon. – **2.** Frances habite au 36 avenue Victor Hugo. – **3.** Pedro habite au 75, boulevard Raspail à Paris. – **4.** Manon habite 92, impasse Gabriel Fauré, 34000 Montpellier.

Piste 110

1. Nous sommes entre les deux fontaines. – **2.** Je suis devant la tour Eiffel. – **3.** Il y a le marché tous les dimanches. – **4.** J'habite dans le quartier des antiquaires. – **5.** Le Maroc est à l'ouest de l'Algérie. – **6.** Le Parlement Européen est à Bruxelles.

Piste 120

1. Louise va au musée. – **2.** Nico va à la plage. – **3.** Simon va à l'aéroport. – **4.** Rose va au théâtre.

Piste 128

1. Le train vient de Montpellier. – **2.** Le fromage vient d'Auvergne. – **3.** Le vin vient de la région de Bordeaux. – **4.** Romain vient de Montréal.

Piste 139

Exemple : Je suis là.
1. Voilà le chemin. – **2.** Voilà, je suis au terrain de jeu. – **3.** Le cheval est à côté de la maison.

Piste 142

– Tu connais Bordeaux ?
– Oui, bien sûr, je connais Bordeaux. Bordeaux est célèbre pour ses monuments classés patrimoine de l'UNESCO. Une merveille !
– Oui. Et il y a beaucoup de boutiques sympas aussi : des cafés, des boutiques de souvenirs, des restaurants. Tu connais de bons cafés ?
– Il y a un café sympa vers la place du Palais.

Piste 145

– Alors, tu vas en vacances ?
– Oui, je vais à Paris. Mon hôtel se trouve en face de la gare.

Piste 146

– Il y a un office de tourisme à Toulouse ?
– Il se trouve près de la mairie. C'est facile.

Piste 147

– Il y a des cafés sympas ici ?
– Sur la place Wilson, il y a des cafés. C'est très sympa !

Piste 160

– Tu vas en Espagne ?
– Oui. Dans la montagne. C'est magnifique !
– Quelle chance ! La campagne, le calme...
– Tu m'accompagnes ?

Piste 161

Dialogue 1
– Coucou Vincent. Tu es à Marseille ?
– Oui, c'est une ville très animée !
– Oui. J'adore cette ville !

Piste 162

Dialogue 2
– Bonjour Vincent ! Alors, la Côte d'Azur, c'est bien ?
– Oui, super !
– Je te recommande la gastronomie de la région. Mange de la pissaladière, c'est délicieux !

Piste 163

Dialogue 3
– Salut Vincent. Où es-tu maintenant ?
– Je visite la montagne Sainte-Victoire. C'est magnifique ! Exactement comme les peintures de Paul Cézanne.
– Tu as de la chance !

Piste 164

Dialogue 4
– Salut Vincent ! Ça va ?
– Ah oui ! Je suis à la plage ! 32 degrés au soleil !
– Quelle chance !

Piste 176

1. Combien ça coûte ? – **2.** Ça coûte 20 euros. – **3.** On achète les tickets au guichet. – **4.** Qu'est-ce que c'est ? – **5.** Où achète-t-on des tickets ?

Piste 178

1. La salle de bains est individuelle, désolé !
2. Oui, l'eau et l'électricité sont inclus dans le prix.

Piste 207

1. Je n'aime pas les chiens. C'est dangereux, ça mord. – **2.** J'adore les poissons, parce que c'est facile à garder. – **3.** J'aime les chats. Ils sont beaux. – **4.** Je n'aime pas les hamsters. Je n'aime pas voir les animaux en cage.

Piste 222

– Bonjour je m'appelle Pierre. J'adore faire du sport et jouer aux jeux vidéo. J'aime bien aller au cinéma mais je déteste regarder la télévision.
– Salut ! Moi c'est Annick. J'adore aller au cinéma. J'aime bien regarder la télévision mais je n'aime pas surfer sur Internet et je déteste faire du sport.
– Moi je suis Louise. J'adore faire du sport et jouer aux jeux vidéo. J'aime bien surfer sur Internet mais je déteste regarder la télévision.
– Bonjour, mon nom est Sylvain. Je déteste jouer aux jeux vidéo et je n'aime pas surfer sur Internet mais j'adore jouer du piano et j'aime bien faire du sport.
– Coucou, c'est Manon ! J'adore surfer sur Internet. J'aime bien les jeux vidéo mais je n'aime pas aller au cinéma ou faire du sport.

Piste 233

– Sonia, qu'est-ce que tu préfères comme genre de film ?
– Moi j'adore les films d'horreur ! Et toi Dan, est-ce que tu aimes ça ?
– Ah non ! Moi je n'aime pas avoir peur ! Je préfère les comédies.
  Mehdi, tu aimes les comédies romantiques ?
– Oui j'aime bien ça mais je préfère les films d'action. Et toi Elsa, qu'est-ce que tu aimes voir au cinéma ?
– Moi j'aime bien les dessins animés.
– Tu n'aimes pas les comédies ?

– Si, j'aime bien les comédies aussi. Et toi Edouard tu ne dis rien ?
– Moi j'aime tous les genres de films !

Piste 272

1. Je déjeune avec Lucie à midi et quart. – **2.** Le film est à huit heures moins le quart. – **3.** Le cours commence à dix heures moins cinq. – **4.** Rendez-vous à la sortie du métro à six heures moins dix. – **5.** Le bar ferme à minuit. – **6.** J'ai une réunion à dix heures et demie.

Piste 273

1. Virgile : Samedi je garde ma petite sœur de 11 h à 16 h et le soir je vais au théâtre à 21 h. Dimanche j'ai rendez-vous au parc à 12 h pour un pique-nique.
2. Éméric : Jeudi j'ai rendez-vous avec monsieur Durand à 11 h 30 ; à 13 h je déjeune avec un client et j'ai une réunion à 16 h.
3. Linda : Cette semaine j'ai cours le lundi de 11 h 30 à 18 h, le mercredi de 14 h à 17 h 30 et le jeudi de 10 h 15 à 15 h.
4. Cécile : Mardi soir j'ai cours de yoga de 18 h 30 à 20 h 30 ; mercredi soir j'ai rendez-vous au cinéma à 20 h et vendredi mes amis viennent dîner à 19 h.

Piste 278

1. – On va à la piscine demain ?
   – Ok, rendez-vous à 13 h 30 !
2. – On déjeune ensemble cette semaine ?
   – D'accord, mercredi à 12 h 30.
3. – Tu peux m'aider avec mes exercices ?
   – Si tu veux ; je viens chez toi cet après-midi à 15 h.
4. – On va au cinéma ce week-end ?
   – Bonne idée ! Samedi à 20 h.
5. – Je voudrais prendre rendez-vous avec le docteur Cohen.
   – Venez vendredi à 18 h 15.
6. – À quelle heure est-ce que je dois aller chercher Timothée ce soir ?
   – À 20 h 30.

Piste 292

1. Coline: Salut Anna ! C'est Coline. Je t'appelle pour te dire que je serai là samedi. À plus tard ! – **2. Ronan:** Bonjour, c'est Ronan. Désolé je ne peux pas venir samedi. Bises. – **3. Charlotte:** Coucou ma belle c'est Charlotte ! Je viens samedi avec Maxime, Ok ? Bisous. – **4. Delphine:** Anna, c'est Delphine. Je ne suis pas là samedi, désolée. On se voit bientôt, Ok ? – **5. Rémi:** Anna, c'est Rémi. J'appelle pour te dire que je serai là samedi sans faute ! Je t'embrasse. – **6. Pascale:** Anna salut, c'est Pascale. Je suis déjà prise samedi, dommage. À bientôt.

N° de projet : 10259927 – Dépôt légal : octobre 2019 – N° d'impression : J19/59427N
Imprimé en France en octobre 2019 par l'Imprimerie Maury S.A.S. à Millau (12)